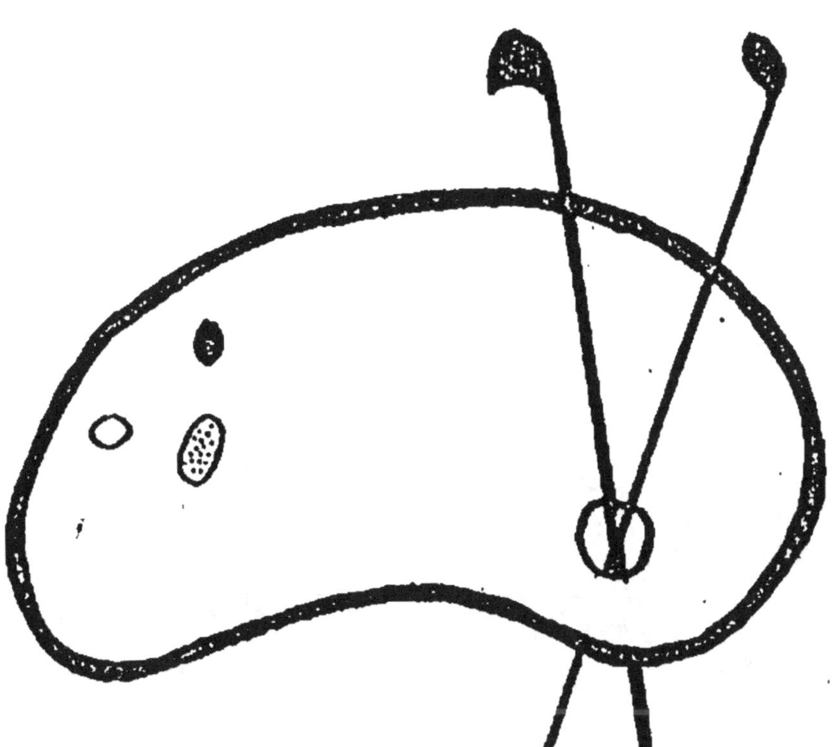

DEBUT D'UNE SERIE DE DOCUMENTS
EN COULEUR

HISTOIRE
DU
PALAIS-ROYAL

—

(2ᵉ ÉDITION)

OFFERTE PAR LE

RESTAURANT DE LA ROTONDE

116, GALERIE DE VALOIS, 116

1 fr. 25 c. — Diners à 2 fr. et 2 fr. 50 c.

DEMORY

—

PARIS, JUIN 1866

PHOTOGRAPHES DE S. M. L'EMPEREUR
DISDERI   DISDERI
Visiter les magnifiques galeries de Portraits
8, Boulevard des Italiens.

AU COIN DE RUE

Rue Montesquieu, 8

et

rue des Bons-Enfants, 16, 18, 20 et 22

GRANDS

MAGASINS DE NOUVEAUTÉS

Les plus importants de la capitale, ceux qui font toujours le plus d'affaires et qui vendent réellement le mei leur marché.

Expédition franç de port

dans toute la France, la Belgique et la Suisse.

Envoi sans frais d'échantillons sur demandes affranchies.

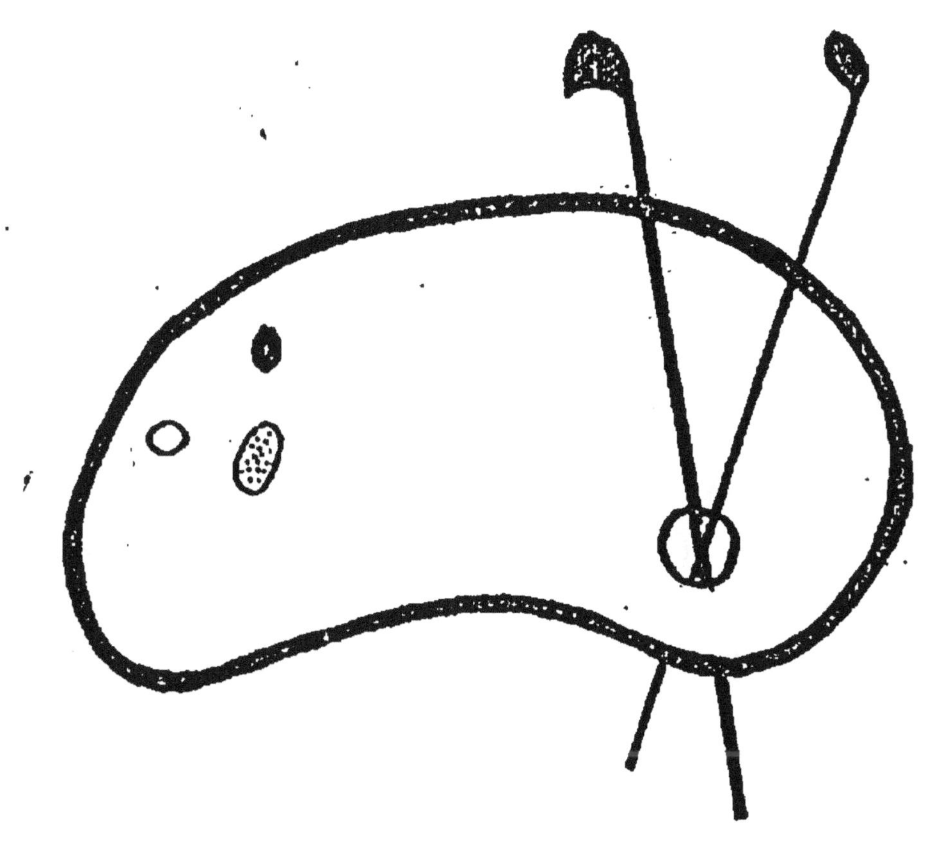

FIN D'UNE SERIE DE DOCUMENTS
EN COULEUR

HISTOIRE

DU

PALAIS ROYAL

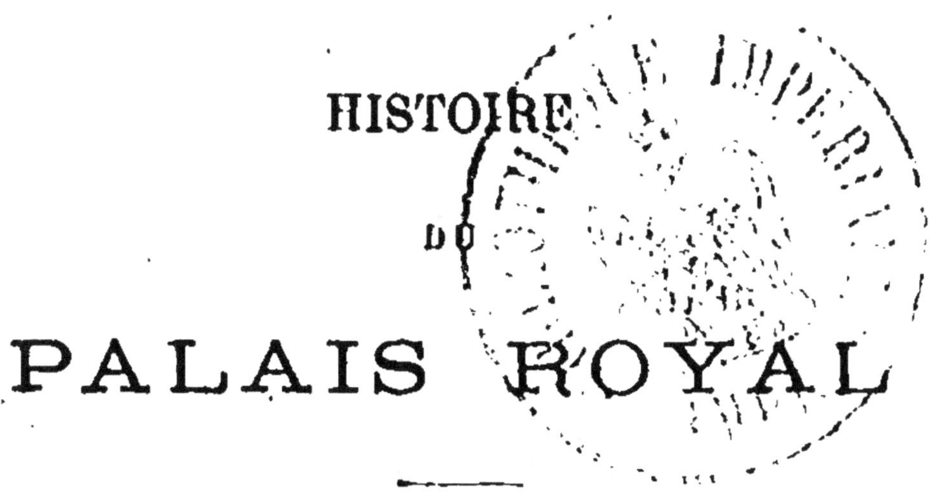

Le *palais-Royal*, dont la renommée est universelle, date du règne de Charles V; c'était alors une résidence royale, vieille enceinte entourée de murailles et protégée de fossés qui traversaient diagonalement le jardin actuel.

— Sur cet emplacement fut construit l'hôtel de Rambouillet, appartenant au connétable d'Armagnac; puis l'hôtel de Mercœur lui succéda pour faire place au palais élevé par le cardinal de Richelieu, qui supprima les murailles et les fossés de l'enceinte primitive.

— Un nouveau jardin fut planté sur les dessins du sieur Dergots, neveu du célèbre Lenôtre.

Le testament du cardinal de Richelieu fit hommage au roi du palais.

Anne d'Autriche y habita quelque temps, puis la reine d'Angleterre, veuve de Charles Ier, vint s'y consoler de ses malheurs ; et, en dernier lieu, il fit partie du domaine de la couronne, sous Louis XIV, qui en constitua la propriété, en apanage, à son frère, le duc d'Orléans.

Plus tard, le régent fit du jardin une promenade de bonne compagnie, et le fils du régent le fit retracer presque entièrement, à peu de choses près, tel qu'on le voit aujourd'hui ; le jardin renfermait un mail et un manége ; il pouvait passer pour *un square* de nos jours, mais un square privilégié dont le peuple était banni.

A l'exception de la partie occupée actuellement par le Théâtre-Français et qu'on désignait sous le nom de *jardin des Princes*, dont la maison princière réservait la jouissance à

ses familiers, le grand jardin, double de celui d'aujourd'hui, bordé par les maisons des rues de Richelieu et Neuve-des-Petits-Champs, d'une part, et d'un autre côté, par celles des Bons-Enfants, n'était fréquenté que par les habitants des maisons de ces rues, lesquels avaient le droit (droit de servitude, sans doute) de s'y promener depuis le lever jusqu'au coucher du soleil.

La promenade du jardin du Palais-Royal devint peu à peu très-fréquentée, surtout par trois sortes d'habitués qui s'y donnaient alors rendez-vous.

L'une était composée de ces spéculatifs, mieux désignés sous le nom de *gobe-mouches*, qui réglaient alors, comme aujourd'hui, *in-cognito*, les intérêts de l'Europe; l'autre formait une espèce d'académie en plein vent, où l'on discutait, scène par scène, vers par vers, le mérite de *Zaïre* et de *Rhadamiste*, où l'on distribuait, en prenant une glace ou un sor-

bet, les rangs dans la littérature, et les fauteuils de l'Académie ; et la troisième, composée, en grande partie, de gens du monde et de littérateurs du second ordre, très-réputée pour son esprit caustique, faisait justice, en épigrammes et en vaudevilles, des sottises du temps.

Tous les amateurs du théâtre se rassemblaient, avant l'heure du spectacle au café de *Foi*, le seul qu'il y eût alors au Palais-Royal ; ils se rendaient, les uns à *l'Opéra*, dans l'enceinte du Palais même, les autres dans la rue Mauconseil où se trouvaient la *Comédie italienne* et la *Comédie française* et revenaient au même lieu, se rendre compte de la représentation à laquelle ils avaient assisté.

Telle était la physiologie morale du Palais-Royal en 1761.

Vingt ans plus tard, Louis-Philippe-Joseph d'Orléans, alors duc de Chartres, fit éprouver

au palais la plus grande transformation qu'il ait subie.

Ce prince, qui s'entendait en spéculations lucratives, aliéna, aux dépens de la promenade, 2,300 toises du jardin, pour le faire entourer de galeries à arcades attiques séparées par des pilastres corinthiens et surmontés de plusieurs étages divisés en appartements.

Ce fut en même temps une source de revenus considérables et un embellissement important, car les constructions environnantes n'étaient pas toutes d'un aspect fort décent, comme on peut en juger encore aujourd'hui.

A cette époque, le Palais-Royal perdit l'Opéra qui, après avoir été incendié, fut reconstruit près la porte Saint-Martin en quarante jours : c'est actuellement le théâtre de la *Porte-Saint-Martin.*

Une salle s'éleva alors sur la partie du jardin *des Princes* et devint, quelque peu après, théâtre de la *Nation.*

Les lieux de plaisir et les spectacles devinrent nombreux au Palais-Royal.

Il y avait le spectacle des Pygmées (un spectacle d'enfants); le cabinet de *Curtices*, sculpteur qui fabriquait et montrait des figures de cire; le spectacle des *Fantoccini* où l'Italien Curtaga donnait deux représentations par jour; et les *Ombres chinoises*, spectacle que l'*aboyeur antédiluvien*, qui fonctionne encore, recommandait deux fois par jour, à cause de sa *moralité*, aux enfants, aux demoiselles et AUX ABBÉS.

Les ombres chinoises, dites théâtre Séraphin, se sont transportées depuis peu au Loulevard des Italiens.

Il y avait encore, au Palais-Royal, le *concert des amateurs*, construit en 1783, et le *théâtre Beaujolais*, élevé vers la même époque, au bout de la galerie qui porte ce nom; on y vit d'abord de grandes marionnettes, auxquelles se substituèrent bientôt des acteurs vivants:

mais comme ces acteurs chantaient, l'Opéra y mit son *veto*, et les acteurs *vivants redevinrent* des petites marionnettes sans ficelles, représentées par *des enfants* pour lesquels on parlait et l'on chantait dans les coulisses.

C'est l'origine des *pupazzi*.

Les *pupazzi*, de récente invention, sont des charges en bois, d'une ressemblance frappante, de toutes les célébrités contemporaines. M. Lemercier de Neuville, leur créateur, peint, machine, parle, compose, invente, imite, en un mot anime ce petit monde fantastique, plein d'humour et d'esprit et de malice sans méchanceté. Cette récréation nouvelle fait les délices des soirées de carême (1).

Un *cirque*, construction à demi souterraine, était destiné à des exercices équestres; il occupait la place où est actuellement le bassin, au milieu du jardin.

____

(1) M. Lemercier de Neuville demeure rue Beudant, n° 9, ex-rue Fortin), Batignolles-Paris.

Il y avait aussi le *Salon des Arts* et *le Caveau*, café qui vint faire concurrence au café de *Foy*.

C'est vers cette époque que s'établit, à la place où il est encore, le restaurant des *Frères provençaux* qui acquit une renommée européenne.

De la même époque date également l'apparition, au Palais-Royal, des maisons de jeu et des filles *dites du monde*, qui fréquentaient les *fameuses galeries* de bois, sur l'emplacement desquelles s'éleva, après 1830, la galerie d'Orléans.

Le Palais-Royal joua aussi son grand rôle révolutionnaire dans la tourmente terrible qui bouleversa la France et agita toute l'Europe à la fin du siècle dernier.

C'est après la dissolution des clubs, par une ordonnance de 1789, et sur un mot d'ordre parti du *Club de la Constitution*, que *Camille Desmoulins*, monté sur une table du café de

Foy, le pistolet au poing, haranguant le peuple ameuté, proféra le grand cri de guerre qui fit crouler les murailles de la Bastille!...

Le perron et les alentours réunissaient les agioteurs de l'époque ; c'est là que les coulissiers spéculaient sur les actions de Law, et le célèbre financier écossais voyait les *coupures* gagner ou se déprécier d'après le vent qui soufflait de la rue *Quincampoix*.

Sous le Directoire, le Palais-Royal était arrivé à l'apogée de sa gloire et de sa renommée; à quelque modifications près, qui eurent lieu sous la Restauration et sous l'Empire, il avait alors la physionomie qu'on lui voit aujourd'hui.

Une demoiselle Marguerite Briant de Montansier, ayant dirigé plusieurs théâtres de province, avait fait agrandir la salle Beaujolais qui devint le théâtre de] la *Montansier* en 1890. C'était un théâtre de genre, où l'on

JUPON PRINCESSE

HAUTE NOUVEAUTÉ

Avec petits aciers tissés, 2, 3 et 4 lames ou 24 rangs simples

M^{on} ALEXANDRE

73, rue de Provence, au premier

CI-DEVANT RUE CHAUSSÉE-D'ANTIN, 50

Les dames qui, dans leur toilette, veulent être élégantes et gracieuses, trouveront chez Madame **ALEXANDRE** des jupons de la forme la mieux comprise et recherchée dans les premiers salons et même à la Cour.

Cet accueil exceptionnel est une preuve de sa supériorité sur tous les autres. — Le *Jupon Princesse* qui, désormais, est indispensable, est, par sa combinaison et sa souplesse, d'une commodité surprenante.

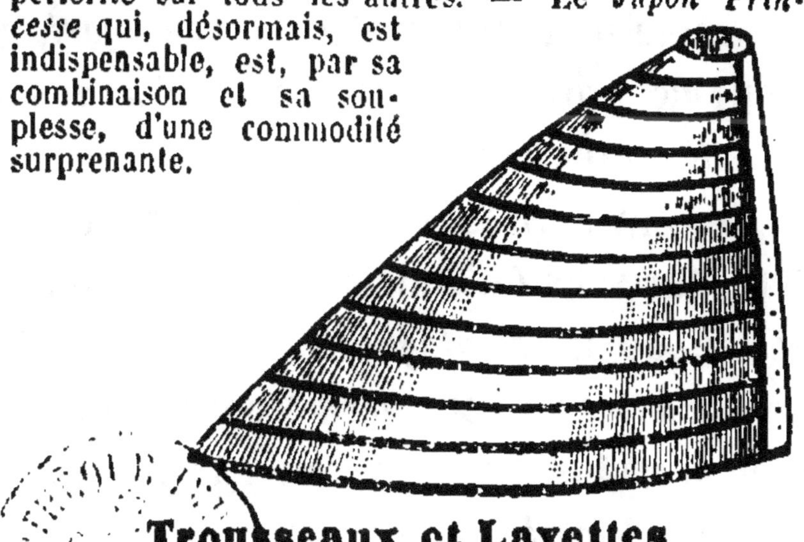

Trousseaux et Layettes

jouait des opéras comiques, des tragédies et des comédies.

Quelques années plus tard, il devint le *théâtre du Péristyle du jardin de l'Égalité*, titre un peu long ; mais alors l'égalité ne devait-elle pas se trouver partout

De cette scène modeste sortirent des acteurs qui illustrèrent la Comédie française ; on peut citer entres, Mlle *Mars* et *Baptiste Cadet*, Mlle *Sainval* ; *Damas*, etc,

Mademoiselle Montansier et *son mari*, un acteur de province, ayant nom *Bourdon de Neuville*, après bien des persécutions suscitées par des entreprises rivales, transportèrent, en 1800, leur salle du Palais-Royal, devenue le théâtre de la *Montagne*, et ensuite théâtre des *Variétés*, au boulevard Montmartre, où il portait moins ombrage au *Théâtre-Français* de la *rue Richelieu*, dirigé alors par les sieurs

d'Orfeuille et Gaillard, avec le concours de *Talma, Nouvel* et *Dugazon.*

A cette époque, les maisons de jeu, telles que le Directoire en avait autorisé l'organisation, étaient au nombre de *quatre*, dont trois situées dans la galerie du *Lycée* ou des *Bons-Enfants,* dénomination passagère de la galerie de *Valois,* à l'époque où la galerie Montpensier s'appelait de *Quiberon,* et celle de Beaujolais avait le nom d'*Arcole.*

La maison la plus populaire fut, sans contredit, celle connue sous le nom de 113.

La population de ce lieu était indescriptible; des femmes dont le domicile était au second étage de la même maison, et qui faisaient l'ornement des *galeries de bois,* venaient en toilette de bal y tenter la fortune, avec un avantage marqué, car elles se rattrapaient toujours d'une perte en faisant la conquête d'un joueur plus heureux; huit pièces recevaient les pontes autour d'*une* table

MLLE MARTIN

CEINTURES ET CORSETS
35, rue Richelieu, 35
Près de la Fontaine-Molière.

EXEOUTION RAPIDE

BIÈRE DE VIENNE

RECONNUE LA MEILLEURE DU MONDE
Vente en fûts, bouteilles, 1[2 bouteilles et chopes
FANTA, 4, rue Halévy. *place du Nouvel-Opéra*

E. HERSANT
AGENCE GÉNÉRALE DE TRANSPORTS POUR LA FRANCE ET L'ÉTRANGER, 2, *rue Bouret;* **Succursale : 22,** *rue Richer,* PARIS. — Service régulier de Paquebots à Vapeur, à Prix réduits, pour Londres et Liverpool. — Service journalier par Bateaux à vapeur pour le Havre, Rouen, Elbeuf, Cherbourg, Brest et Morlaix.

Toutes les marchandises en magasin et en cours de voyage sont assurées contre l'incendie et contre les risques de navigation.

GRAND HOTEL ESPAGNOL
10, *Boulevard Montmartre.* — Recommandé par sa belle situation et son excellent confortable.

---

e *passe-dix*, et de *six* tables de *roulette*, depuis six heures du matin jusqu'à minuit ; la banque ne dédaignait pas de tenir trente sous.

Une classe curieuse d'habitués trouvait à y vivre d'une singulière industrie ; de vieux joueurs ruinés, râpés, poudreux, passaient leur vie à piquer, sur des cartes, les numéros sortants, et celui qui était, en un certain nombre de coups, sorti le plus de fois, était naturellement en faveur auprès des joueurs superstitieux auxquels ces vieux observateurs vendaient, pour quelques sous, le résultat de leurs calculs.

Le 113 occupait toute la partie de la galerie comprise entre les arcades 110 et 113 ; —dans a galerie Montpensier, les numéros 9, 10, 11 et 12, étaient des tapis verts pour le trente-et-quarante ; on y trouvait aussi une table de *crêpes* et des salles de *tric-trac* et de billards, ainsi que des buvettes.

Il y eut, après la révolution de 1830, un

PHOTOGRAPHIE CARJAT

56, *rue Laffitte*. — En vente, **le Panthéon Parisien**, Album des célébrités contemporaines.

CRÈME DE BISMUTH-QUESNEVILLE,

contre les affections intestinales et les maux d'estomac. Le flacon, 8 fr.; le demi-flacon, 4 fr. 50 c., à Paris. — *Rue de la Verrerie, 55, Paris.*

BAINS DE LA VILLE DE PARIS

M. JOLY DIRECTEUR-PROPRIÉTAIRE

Bains d'eau de mer et de Seine, russes et médicinaux, hydrothérapie. — *Pont-Royal, 3, quai d'Orsay.*

BAINS VIVIENNE

rue *Vivienne*, 15. Recommandés aux Étrangers.

NICE

INDICATIONS ET RENSEIGNEMENTS sur les villas et les appartements à louer.— Ch. TIFFEN, 2, *place Charles-Albert.*

NAPLES

ATELIERS DE PEINTURE A L'HUILE, A LA GOUACHE, ET DESSINS A LA PLUME. — **Cesare Uva et Senape**, 260, *rivière de Chiaja.*

grand soulèvement de l'opinion publique contre les maisons de jeu, — cependant, ce ne fut qu'en 1836 que la chambre des députés déclara que le bail du dernier fermier ne serait pas renouvelé. Le 31 décembre 1837, à minuit, s'arrêtèrent à la fois la bille de la roulette et le râteau des croupiers danstoutes les maisons de jeu de la capitale.

Le dernier fermier des jeux de Paris, était un ancien avoué de Bordeaux, M. Benazet. Si jamais directeur des jeux a laissé des souvenirs d'honorabilité et d'intégrité, non-seulement parmi les joueurs, mais encore parmi ceux qui croyaient devoir maintenir les maisons du Palais-Royal, comme pour servir de soupape de sûreté à la funeste passion, ce ut celui-là. — Ce ne fut point contre lui que la loi fut appliquée, ce fut uniquement contre l'institution, et sa réputation sortit intacte des vives discussions auxquelles donna lieu la suppression générale des jeux.

SOUS PRESSE :

LES GRANDS ET LES PETITS MYSTÈRES

DU

CRÉDIT MOBILIER ET DU MILLION PEREIRE

Révélations édifiantes sur les Juifs, rois de l'Epoque, par P. COUSTANS.

1re Partie. — Comme quoi inventer une religion fait inventer le Crédit mobilier.

2e Partie. — Comme quoi le Crédit mobilier étant inventé, la religion est perdue et les grands prêtres sont archi-millionnaires.

3e Partie. — Entre deux Crédits mobiliers, de Madrid à Vienne. de Saint Pétersbourg à Mexico, ou l'âne de Buridan entre ses deux avoines.

4e Partie. — Au bout du fossé..... le picotin.

1 vol. in-18........ 3 fr. 50

PARIS ET LONDRES —

South Eastern Railway. — En correspondance avec le chemin de fer du Nord. — Route la plus courte et la plus directe. **traversée de mer 1 heure 3/4.** — Billets d'aller et retour, valables pour un mois, par *Calais* ou *Boulogne*, au choix, 1re cl. 108 fr. 75 c., 2e cl. 83 fr. 75 c. — Billets simples par *Boulogne* et Folkstone, 1re cl. 64 fr. 55 c.; 2e cl. 47 fr. 75 c. — Billets simples par *Calais* et *Douvres*, 1re cl. 72 fr. 25 c.; 2e cl. 53 fr. 10 c.

AGENCE, 4, BOULEVARD DES ITALIENS, 4

Son fils est l'honorable directeur actuel des jeux de Bâde (1) qui jouit d'une réputation européenne : hâtons-nous de dire que, à l'instar de son père, M. Benazét a toujours su dans ses difficiles fonctions, se concilier, en homme du monde, l'amitié et l'estime de toutes les personnes avec lesquelles il a été en rapport.

— Vers l'époque où l'on abolissait les jeux, l'on faisait disparaître les fameuses *galeries de bois*, si longtemps célèbres; elles furent remplacées par la magnifique *galerie d'Orléans* qui complète heureusement l'ensemble du Palais-Royal, et cause l'admiration de tous es étrangers.

Plus d'un contemporain se souvient de l'aspect que présentaient les *galeries de bois*; du

(1) *Bâde*. Les eaux thermales de tout temps appréciées ont une grande importance. Les travaux du professeur Bunsen ont démontré la richesse réelle de leur minéralisation et donnent l'indication des résultats qu'on peut en attendre.

matin au soir, une foule compacte y circu-
lait dans deux allées étroites, réservées pour
les promeneurs entre trois parties latérales
occupées par les boutiques et les étalages des
marchands; quand il pleuvait, on y marchait
dans la boue; le sol en terre était détrempé
ar l'eau et l'humidité apportées par les pieds
du public.

On trouvait de tout dans les galeries de bois
des tailleurs, des modistes, des cordonniers
des marchands d'objets d'art, des bijoutiers
des brocanteurs, etc. ; les étrangers, les femmes galantes, les badauds et les *pick pockets* y
affluaient. — On y était constamment coudoyé
et porté par la foule.

Une industrie qui semblait y avoir parti-
culièrement élu domicile, était celle des
libraires et des *bouquinistes*. C'est là que s'é-
ditaient et se vendaient toutes les brochures
du jour; on y trouvait tous les *vieux fonds* de

magasin qui faisaient concurrence aux *bouquinistes* des quais.

En 1814, lors de l'invasion des armées alliées, le Palais-Royal fut également envahi par les hordes du Nord ; — ce fut pour elles l'*Eldorado*, la terre promise. — Tous les uniformes de l'Europe s'y rencontraient; des duels nombreux eurent lieu entre les officiers alliés et les officiers de l'armée licenciée de la Loire.

Ce fut une fortune immense pour le Palais-Royal que cette nuée de Russes, d'Autrichiens, de Prussiens, d'Anglais qui s'y abattit.

— Combien d'établissements nouveaux prospérèrent!

— *Véry*, qui avait un local principal aux Tuileries, sur la terrasse des *Feuillants*, y établit une succursale ou les Anglais laissaient leur raison et leurs guinées.

Le café de *Chartres*, devenu le restaurant de *Véfour* qui était abandonné aux paisibles

·oueurs de domino, après avoir vu jadis, aux prises, les cocardes *vertes* et les cocardes *blanches*, la *Montagne* et la *Gironde*, devint en grande faveur auprès des gourmets de profession, et maintint depuis cette réputation justement acquise.

Les *Frères Provençaux* augmentèrent la leur, si ce fut possible, et le café *Lemblin*, fermé actuellement, devint célèbre par les querelles des partis politiques. Il partageait ce fâcheux privilége avec le café de la *Montansier*, l'ancien théâtre de ce nom ; en 1815 après le second retour des Bourbons, les gar des du corps en cassèrent les tables et les glaces et s'y livrèrent à des scènes scandaleuses qui firent fermer temporairement les deux établissements.

En 1816, M. *L.-Marquis* y fonda une fabrique de chocolats qui eut et qui a encore une très-grande vogue ; elle a constamment fourni les maisons souveraines et princières de France.

Nous ne parlerons que pour mémoire du *Caveau* dit *café des Aveugles,* où des musiciens des *Quinze-Vingts,* viennent chaque soir, exécuter des symphonies douteuses ; cet établissement souterrain est le même depuis cinquante ans qu'il est ouvert au *perron,* et l'on pourrait souhaiter aux consommateurs d'être sourds et surtout aussi aveugles que les exécutants.

C'est encore du Palais-Royal que partit le signal de la Révolution de 1830. Des groupes nombreux s'y réunirent pour aller brûler un corps de garde situé sur la place de la Bourse, non encore achevée, et provoquèrent la révolte qui se termina par le départ des Bourbons.

Le Palais restauré par la famille d'Orléans, qui l'habita longtemps, est un monument d'une coquette élégance. Aujourd'hui, il est la résidence du prince Jérôme Napoléon, ce prince laisse inhabitée la partie où logeait Jérôme Bonaparte, son père, et semble, par

un pieux sentiment, avoir voué à une reli-
gieuse solitude la dernière résidence pater-
nelle,

Au nombre des établissements en vogue
créés depuis quelque dix ans, il faut citer en
première ligne le théâtre du Palais-Royal,
élevé sur l'emplacement du café de la Montansier, où florissait aussi jadis le théâtre de
ce nom.

Le Palais-Royal étant à peu près le point
central de Paris, nous engageons fortement
les étrangers à y prendre leurs repas, et nous
ne saurions terminer notre analyse sans par-
ler des restaurants où les amateurs sont
assurés d'y trouver la meilleure chère à tous
les prix ; de très-beaux salons dorés, vastes
et aérés, donnent sur le délicieux jardin, et
aucune odeur des préparations culinaires ne
vient affecter péniblement l'odorat, des che-
minées de ventilation habilement ménagées
emportant toutes les vapeurs nauséabondes.

Aussi tous les étrangers emportent-ils le meilleur souvenir du confortable et de l'économie que leur ont procuré les intelligents restaurateurs du Palais-Royal.

Les musiques excellentes des régiments de la garnison de Paris viennent chaque jour, dans la belle saison, de six à sept heures de l'après-midi, charmer les oreilles des *dilettanti* par leurs suaves harmonies.

Tout concourt enfin à maintenir le Palais-Royal à la hauteur de sa réputation, et à en faire la promenade la plus délicieuse de l'Europe.

Paris. — Imp. Vallée, 15, rue Breda.

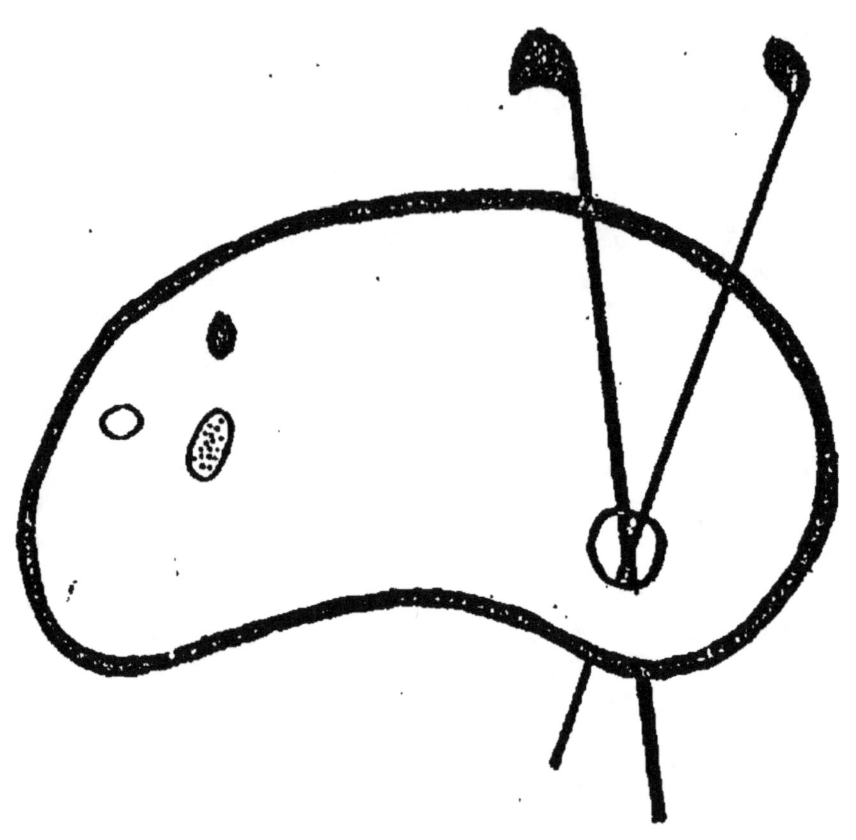

ORIGINAL EN COULEUR

NF Z 43-120-8